S. FISCHER

Geoffroy de Lagasnerie

Kafka misstrauen

Aus dem Französischen
von Andrea Hemminger

S. FISCHER

Der S. Fischer Verlag hat sich zu einer nachhaltigen Buchproduktion verpflichtet. Gemeinsam mit unseren Partnern und Lieferanten setzen wir uns für eine klimaneutrale Buchproduktion ein, die den Erwerb von Klimazertifikaten zur Kompensation des CO_2-Ausstoßes einschließt.
Weitere Informationen finden Sie unter *www.klimaneutralerverlag.de*

MIX
Papier | Fördert gute Waldnutzung
FSC® C014496

Erschienen bei S. FISCHER

Die Originalausgabe erschien 2024 unter dem Titel »Se méfier de Kafka«
bei Éditions Flammarion, Paris

Satz: Fotosatz Amann, Memmingen
Druck und Bindung: GGP Media GmbH, Pößneck
ISBN 978-3-10-397586-4

Für D., natürlich

I

Weil zweifellos jeder von uns tief in seinem Inneren spürt, dass unsere Welt undurchsichtig ist, dass die Institutionen, die ihr Funktionieren organisieren und mit denen wir umgehen müssen, um unser Leben zu leben, mit verborgenen und mysteriösen Funktionen ausgestattet sind oder, was auf das Gleiche hinausläuft, weil ihre Erzählungen von dem, was sie sind und was sie tun, verlogen sind, suchen wir unablässig in der Literatur oder Theorie, in der Kunst oder Psychoanalyse nach Interpretationen, die uns die Wahrheit sagen könnten über das, was ist, und die uns zeigen könnten, was sich hinter der trügerischen Fassade des Scheins abspielt.

Lesen, schreiben, sehen, nachdenken … Welche Triebe können die schier unendliche Menge von Energie erklären, die diesen Tätigkeiten gewidmet wird, wenn nicht eine Art Suche: der Wunsch, in dem Chaos, in das wir eingetaucht sind und das wir Gegenwart nennen, klarer zu sehen. Wenn heute niemand mehr ein Buch liest, das zu zeigen versuchte, dass die Erde rund ist, dann weil die *libido sciendi* im Raum des Gefühls des Nicht-Wissens geboren wird: Wir ahnen, dass etwas nicht stimmt und uns entgeht, dass die spontanen Vorstellungen von dem, was ist, die tatsächlichen Bedeutungen nicht erschöpfen – und wir wollen wissen, warum.

Da die soziale Welt, wie Max Weber sagt, sowohl in ihrer

Intensität als auch in ihrer Extensivität unendlich ist, kann eine unfassbare Vielzahl von Realitäten unsere Fragen auslösen. Und in der riesigen Menge an Interpretationen der Gesellschaft und dessen, was wir sind, die uns die Kultur bietet, erscheint das Werk von Franz Kafka als eines, das einen zentralen Platz einnimmt, um die Geheimnisse des Staates und der Administration zu erforschen, all dessen, was sich aus der Tatsache ergibt, dass wir in bürokratischen Staaten leben, die mit Strafsystemen ausgestattet sind – und sogar allgemeiner, unser Verhältnis zur Frage von Verfehlung, Urteil und Schuld.

Kafkas Werk zu einem Reservoir von Analysen zu machen, die zu denken erlauben, was wir sind, ist auf dem Feld der Theorie besonders ausgeprägt: Seit dem Zweiten Weltkrieg erscheint Kafka als eine Art obligatorische Durchgangsstation für alle Philosophen, die sich mit der Frage des Gesetzes oder der Gerechtigkeit befassen, so als könnte eine Theorie der Macht ihre Wahrheit umso besser begründen, je mehr sie sich auf eine Lektüre Kafkas stützen kann, um ihre Annahmen zu bestätigen. Dieses Charakteristikum geht jedoch weit über das Feld der Fachkommentatoren hinaus. Es sind weitestgehend auch die gewöhnlichen Lektüren, in denen Kafka spricht und aufhorchen lässt. Bei jedem seltsamen und unklaren Satz, so Adorno, neigt der Leser dazu, sich darüber zu wundern, dass er sich so leicht darin wiedererkennt: Was beschrieben wird, scheint Situationen widerzuspiegeln, die er selbst erlebt hat oder die er zu erleben befürchtet. Kafka zu lesen bedeutet, sich unablässig zu fragen: »Woher kenne ich das?« »Kafka«, so Adorno weiter, ist ein »déjà-vu in Permanenz«.[1]

Etwas jedoch macht sofort stutzig. Wie ist zu erklären, dass wir uns so leicht in Kafka wiedererkennen? Dass sein Werk zu einem Monument aufgebaut wird, das so viele Analysen enthält, die uns helfen, die Beschaffenheit der Mächte, denen wir unterworfen sind, und unsere Situation in diesen zu verstehen? Denn sobald man von seinen Erzählungen, Aufzeichnungen und Parabeln diejenigen liest, die sich mit den Themen Strafe, Schuld und Staat befassen, stellt man fest, dass sich die Welten, die sie beschreiben, in einem völligen Widerspruch zu unserer Welt und sogar zu fast allen bekannten Staatsformen befinden: Alles, was üblicherweise die Justizsysteme definiert, übrigens auch in monarchischen und autoritären Regimen, fehlt hier. Was sich bei Kafka »Justiz« nennt, hat nichts mit den institutionellen Dispositiven gemein, auf die sich dieser Begriff gewöhnlich bezieht, wie zum Beispiel die Tatsache, einem Gesetz unterworfen zu sein, dessen Verbote man kennt, einer bestimmten Tat angeklagt zu sein, die Möglichkeit zu haben, sich durch einen Anwalt in einem öffentlichen Verfahren unter dem Vorsitz eines Richters zu verteidigen und schließlich sein Urteil zu erfahren (auch wenn diese Systeme natürlich je nach Kontext und Zeit die Ausübung der Verteidigungsrechte oder die Unschuldsvermutung mehr oder weniger gut garantieren).

Diese Verschiedenheit des kafkaschen Universums von der realen Welt wird in zwei emblematischen Erzählungen besonders deutlich. *In der Strafkolonie* beschreibt einen Reisenden, der auf Einladung des neuen dort herrschenden Kommandanten in eine Kolonie reist, um einen Bericht über die Strafmethoden zu erstellen, auf die der frühere

Kommandant zurückgriff. Ein Offizier, der an dem alten System festhält, erklärt ihm, wie es funktioniert, und schlägt ihm vor, der Hinrichtung eines Soldaten beizuwohnen, der wegen Ungehorsams verurteilt wurde. Der zum Tode verurteilte Soldat weiß jedoch nicht, was man ihm vorgeworfen hat und für welches Verbrechen er verurteilt wurde: Er kennt auch sein Urteil nicht und konnte sich nicht verteidigen. Seine Schuld ist für den Offizier »über jeden Zweifel erhaben«, so dass kein Gerichtsverfahren (sei es gerecht oder nicht) notwendig erscheint. Seine Tötung ist das Ergebnis einer besonders peniblen und blutigen Folter, deren Etappen in einem Gutteil der Novelle beschrieben werden und die mehrere Stunden dauert. Am Ende der Novelle verurteilt der Reisende diese Methoden ausdrücklich und fordert zum Bedauern des Offiziers gerechtere Verfahren und mildere Strafen.

Während sich diese Erzählung in einer Kolonie und damit in einem Gebiet zuträgt, das sich ausdrücklich in einer Art Extralegalität befindet, spielt sich *Der Proceß* eigentlich »in einem Rechtsstaat« ab.[2] Zudem präzisiert Kafka, dass die Zeit, in der die Handlung stattfindet, von keinen besonderen Umständen gekennzeichnet ist, die erklären könnten, dass die gewöhnliche Legalität ausgesetzt ist: Es gibt weder einen Ausnahmezustand (»alle Gesetze bestanden aufrecht«) noch einen Kriegszustand (»überall herrschte Friede«).[3] Und doch hat das System des Gerichtsverfahrens und der Repression, mit dem Josef K. konfrontiert ist, absolut nichts mit dem gemein, was wir von einem »Rechtsstaat« kennen. Als K. nach seiner Festnahme einen Anwalt aufsucht, um eine Strategie zu entwickeln, wie er sich gegen die gegen ihn eingeleitete Untersuchung wehren kann, kommt die Beschreibung des Verfahrens, die dieser ihm gibt, einer Art methodischen Umkehrung aller Eigenschaften gleich, die einen Strafprozess ausmachen. Dadurch wird das System, mit dem K. konfrontiert ist, zu einer Art Anti-Gerichtswelt: Die von den Anwälten geschriebenen Eingaben werden von niemandem gelesen, und da man nicht weiß, wessen man beschuldigt wird, weiß man jedenfalls auch nicht, wogegen man argumentieren oder an wen man sich wenden soll. »Die Verteidigung ist nämlich durch das Gesetz nicht eigentlich gestattet«, »es gibt daher strenggenommen gar keine vom Gericht anerkannten Advokaten«, »der Angeklagte hat nämlich keinen Einblick in die Gerichtsschriften«, »bei den Verhören dürfen im allgemeinen Verteidiger nicht anwesend sein« und schließlich (wobei diese letzte Bemerkung die einzige ist, die einigermaßen realistisch ist): »Das Wichtigste bleiben trotzdem die persönlichen Beziehungen des Advokaten«.[4]

.:.

Wie kann eine Anti-Welt etwas hervorrufen, was Adorno als Gefühl des *déjà-vu* bezeichnet? So könnte die Formulierung des Kafka-Problems lauten. Was sagt uns die Tatsache über uns selbst, dass wir ein Universum, das so offensichtlich Regeln folgt, die den unseren fremd sind, als vertraut empfinden können? Wie kommt es, dass uns die Beschreibung einer allgegenwärtigen, regellosen, beängstigenden und unlogischen, allmächtigen, aber ungreifbaren Macht und einer Justiz, die sich an keine der Regeln des Strafverfahrens hält, anspricht – nicht weil wir darin die Beschreibung einer monströsen Staatsmacht sehen, die totalitäre Regime und Polizeistaaten kennzeichnet, wie manche Interpretationen meinen, sondern weil wir umgekehrt darin etwas wie ein Negativ (im fotografischen Sinne des Wortes) sehen, das Wahrheiten über unser Dasein als politisches Subjekt in Rechtsstaaten enthüllt, das in seinem Leben ständig auf Polizei-, Justiz- und Bürokratieapparate stößt?

Während in vielen offiziellen Diskursen die Tatsache, ein Rechtssubjekt zu sein, üblicherweise als eine Erfahrung dargestellt wird, die durch den Schutz vor Willkür und die Erlangung eines Gefühls der Rechtssicherheit aufgrund des stabilen, öffentlichen und rationalen Charakters der gesetzlichen und bürokratischen Verfahren gekennzeichnet ist, spürt jeder im Grunde in seinem Innersten, dass diese Behauptung falsch ist. Wir stellen uns vor, dass die Institutionen anders funktionieren, als sie sagen, dass sie von versteckten Logiken angetrieben werden. Die Psychologie des Rechtssubjekts ist nicht beruhigt und gelassen. Sie bleibt von Angst und Unruhe geprägt. Immer potenziell Ziel einer öffentlichen Anklage werden zu können und sich in einem erbarmungslosen Räderwerk gefangen zu finden, mit der Möglichkeit einer polizeilichen Verhaftung konfrontiert zu sein, sich vielleicht eines Tages in einem Gerichtsverfahren verteidigen zu müssen … diese Sorgen sind mit unserer Existenz untrennbar verbunden. Wer könnte sagen, dass er bei der Vorstellung, eine Vorladung von der Polizei zu erhalten, keine Angst hat? Da wir Staaten angehören, können wir uns einer ganzen Reihe von Sorgen und Ängsten nicht entziehen, und Kafka habe für uns die obskure Funktionsweise dieser Machtapparate und die Erfahrung eines Subjekts geschildert, das gegen seinen Willen in ihren Netzen gefangen ist.

⁘

Doch inwieweit sollen wir uns von Kafkas Beschreibungen anziehen lassen? Wo liegt die Grenze zwischen einem Diskurs, der die dunklen Seiten unserer politischen Gesellschaften enthüllt, und einem Diskurs, der Mythologien schafft, die uns die Realität verstellen?

In der modernen Bürokratie und im liberalen Staat zum Beispiel, aber bei genauerem Nachdenken auch in den meisten monarchischen, aristokratischen und zahlreichen autoritären Staaten, könnte man durchaus behaupten, dass die Machtzentren peinlich genaue Bestimmungen haben – egal, wie viel Gewalt von ihnen ausgehen mag: Wir wissen sehr genau, wer das Gesetz schreibt, wir können sagen, wer es verkündet oder sogar verabschiedet; wir können die Orte nennen und manchmal sogar besuchen, an denen es gemacht wird, die Verfahren sind häufig öffentlich, und die Namen derjenigen, die die wichtigsten Aufgaben der Verwaltung, des Staates oder der Justiz wahrnehmen, ebenfalls: Keine Mystik umgibt das Regierungshandeln. Was sagt und sucht man also, wenn man, wie Kafka in *Der Proceß*, das Gesetz als eine blinde Kraft darstellt, das von geheimnisvollen und unsichtbaren Instanzen erlassen wird? Trägt man dazu bei, eine verborgene Wahrheit zu enthüllen, oder trägt man im Gegenteil dazu bei, uns daran zu hindern, die Realität zu sehen? Und wenn man sich als Leser in solche Beschreibungen hineinversetzt, erlangt man dann mehr Klarheit oder im Gegenteil eine größere Blindheit?

In einem Brief von 1960 an Bernard Frechtman führt Jean Genet diese Realitätsferne der kafkaschen Beschreibungen an, um seine Unfähigkeit zu erklären, sich davon berührt zu fühlen: »Wie traurig! Habe mit diesem Kafka nichts zu tun«, schrieb er. Genet hat das Gefühl, dass er sich immer weiter von Kafka entfernt, je näher er ihm kommt. Denn er war »ein realer Schuldiger vor einem realen Gericht«. Diese erlebte Realität hindert ihn daran, sich von dem betroffen zu fühlen, was Kafka in *Der Proceß* ins Spiel bringt. Wenn man wie Genet die Justiz kennengelernt hat, wenn man mit ihrer realen Funktionsweise konfrontiert wurde, wenn man vor Richter und Staatsanwälte aus Fleisch und Blut treten musste, die vor einem Macht über einen ausübten, wie kann man sich dann von der Beschreibung eines »Gerichts, von dem man nichts weiß« oder eines »Sehr hohen und unsichtbaren Gerichts« betroffen fühlen? »Was Josef K. passiert, berührt mich nicht«, schließt Genet, »denn es passiert ›niemandem‹«.[5]

Diesen Protest Genets, diese Geste, die im Namen der Kenntnis der Realität die kafkaschen Konstruktionen auf den Status eines Mythos zurückverweist, möchte ich weiterverfolgen und ausbauen. Ich möchte zeigen, dass wir uns vor der Verführung, die Kafkas Texte auf unseren Geist ausüben, hüten müssen, weil sie weitgehend dazu tendieren, mystifizierte Formen des Verständnisses von Macht und Staat zu bestätigen, zu verstärken und zu legitimieren. Was Kafka beschreibt, ist keine verborgene und unterirdische Welt. Es ist eine mythologische Welt. Die Lektüre von Kafka und vor allem die Lektüre der Lektüren von Kafka könnten daher als eine Art Erkundung und Bestandsaufnahme der analytischen Dispositive gelten, die uns ein trügerisches Gefühl von Klarheit vermitteln und uns zu der Annahme verleiten, zu glauben, dass wir über Macht nachdenken, während wir uns dieser in Wirklichkeit auf der Grundlage falscher Vorstellungen von dem nähern, was sie ist, wo sie ist und wie sie funktioniert – und sie bieten daher im Gegensatz dazu die Gelegenheit, einige Leitprinzipien einer Analyse der Macht aufzustellen. Wenn wir nach Kafka süchtig sind, dann vielleicht, weil wir nach dem Irrtum süchtig sind. Und weil wir paradoxerweise manchmal, wenn wir glauben, von einer kritischen Absicht geleitet zu sein, in Wirklichkeit grundlegend und unbewusst von dem Impuls getrieben werden, der Realität zu entfliehen. Aber nach welchen Kriterien kann man zwischen diesen beiden Registern unterscheiden, zwischen einer Analyse, die enthüllt, und einer anderen, die verschleiert? Und inwieweit kann man in Betracht ziehen, dass das Prinzip unseres Haftens an den kafkaschen Mythen der Wunsch ist, uns zu täuschen – der Wille, die Realität dessen, was wir sind, aus unserem Blickfeld auszublenden, um die Wahrheit unserer politischen Bedingungen nicht zur Kenntnis nehmen zu müssen? Als ob es, wie Christa Wolf schrieb, leichter wäre, sich seine Vergangenheit vorzustellen, als sich an sie zu erinnern, letztlich leichter wäre, sich über unser politisches Leben in Phantasien zu ergehen (indem wir Kafka lesen), als sich ihm in seiner Materialität zu stellen.

2

Nichts wird mehr mit Kafkas Werk in Verbindung gebracht als das Bild von einer unbestimmten und undurchsichtigen Macht und damit das Bild von einem Individuum, das in ihrem Geltungsbereich verloren ist. *Der Proceß* setzt ein Subjekt in Szene, das von Korridor zu Korridor, von Büro zu Büro wandert, das unwillentlich in ein unergründliches Verfahren verwickelt ist, das es nicht versteht. Es sucht nach Antworten, aber es gelingt ihm nie, mit jemandem zu sprechen, der wichtig genug ist, um ihm Auskunft zu geben oder ihm zu erlauben, konkret zu handeln: Er weiß nicht, wie er mit dem Richter zusammenkommen soll, der die Macht hat und bei dem er versuchen könnte, ihn von seiner Unschuld zu überzeugen. Er trifft nur Nebenfiguren, die Personen kennen, die vielleicht eines Tages die Person gesehen haben, die er sucht, und die Entscheidungszentren sind unerreichbar. Josef K. weiß nicht, wer ihn anklagt, wer ihn verurteilt, wessen er beschuldigt wird – was nicht verhindert, dass das Verfahren zu Ende geführt und er schließlich hingerichtet wird.

In einem Brief an Gershom Scholem vom 12. Juni 1938 schreibt Walter Benjamin, dass Kafka, indem er die Vorstellung untersucht, dass wir in einer undurchsichtigen Welt leben, die einer mysteriösen, fernen und unbekannten

Staatsmacht unterworfen ist, die »Erfahrung des modernen Großstadtmenschen« beschreibt. Er präzisiert: »Ich spreche [...] vom modernen Staatsbürger, der sich einer unübersehbaren Beamtenapparatur ausgeliefert weiß, deren Funktion von Instanzen gesteuert wird, die den ausführenden Organen selber, geschweige dem von ihnen behandelten ungenau bleiben.«[6]

⁘

Eine kurze Parabel mit dem Titel *Vor dem Gesetz* ist ein paradigmatischer Ausdruck der kafkaschen Thematisierung der Macht. Sie stellt bei all den Autoren, die versucht haben, ihre Reflexion der Macht an eine Lektüre von Kafkas Texten anzulehnen, eine Art zentrale Referenz dar:

> Vor dem Gesetz steht ein Türhüter. Zu diesem Türhüter kommt ein Mann vom Lande und bittet um Eintritt in das Gesetz. Aber der Türhüter sagt, daß er ihm jetzt den Eintritt nicht gewähren könne. Der Mann überlegt und fragt dann, ob er also später werde eintreten dürfen. »Es ist möglich«, sagt der Türhüter, »jetzt aber nicht.« Da das Tor zum Gesetz offensteht wie immer und der Türhüter beiseite tritt, bückt sich der Mann, um durch das Tor in das Innere zu sehn. Als der Türhüter das merkt, lacht er und sagt: »Wenn es dich so lockt, versuche es doch, trotz meines Verbotes hineinzugehn. Merke aber: Ich bin mächtig. Und ich bin nur der unterste Türhüter. Von Saal zu Saal stehn aber Türhüter, einer

mächtiger als der andere. Schon den Anblick des dritten kann nicht einmal ich mehr ertragen.« Solche Schwierigkeiten hat der Mann vom Lande nicht erwartet; das Gesetz soll doch jedem und immer zugänglich sein, denkt er, aber als er jetzt den Türhüter in seinem Pelzmantel genauer ansieht, seine große Spitznase, den langen, dünnen, schwarzen tatarischen Bart, entschließt er sich, doch lieber zu warten, bis er die Erlaubnis zum Eintritt bekommt. Der Türhüter gibt ihm einen Schemel und läßt ihn seitwärts von der Tür sich niedersetzen. Dort sitzt er Tage und Jahre. Er macht viele Versuche, eingelassen zu werden, und ermüdet den Türhüter durch seine Bitten. Der Türhüter stellt öfters kleine Verhöre mit ihm an, fragt ihn über seine Heimat aus und nach vielem andern, es sind aber teilnahmslose Fragen, wie sie große Herren stellen, und zum Schlusse sagt er ihm immer wieder, daß er ihn noch nicht einlassen könne. Der Mann, der sich für seine Reise mit vielem ausgerüstet hat, verwendet alles, und sei es noch so wertvoll, um den Türhüter zu bestechen. Dieser nimmt zwar alles an, aber sagt dabei: »Ich nehme es nur an, damit du nicht glaubst, etwas versäumt zu haben.« Während der vielen Jahre beobachtet der Mann den Türhüter fast ununterbrochen. Er vergißt die andern Türhüter und dieser erste scheint ihm das einzige Hindernis für den Eintritt in das Gesetz. Er verflucht den unglücklichen Zufall, in den ersten Jahren rücksichtslos und laut, später, als er alt wird, brummt er nur noch vor sich hin. Er wird kindisch, und, da er in dem jahrelangen Studium des Türhüters auch die Flöhe in seinem Pelzkragen erkannt hat, bittet er auch die Flöhe, ihm zu helfen und den Türhüter umzustimmen. Schließlich wird sein Augenlicht schwach, und er weiß nicht, ob es um ihn wirklich dunkler wird, oder ob ihn nur seine Augen täuschen. Wohl aber erkennt er jetzt im Dunkel einen Glanz, der unverlöschlich aus der Türe des Gesetzes bricht. Nun lebt er nicht mehr lange. Vor seinem Tode sammeln sich in seinem Kopfe alle Erfahrungen der ganzen Zeit zu einer Frage, die er bisher an den Türhüter noch nicht gestellt hat. Er winkt ihm zu, da er seinen erstarrenden Körper nicht mehr aufrichten kann. Der Türhüter muß sich tief zu ihm hinunterneigen, denn der Größenunterschied hat sich sehr zu ungunsten des Mannes verändert. »Was willst du denn jetzt noch wissen?« fragt der Türhüter, »du bist unersättlich.« »Alle streben doch nach dem Gesetz«, sagt der Mann, »wieso kommt es, daß in den vielen Jahren niemand außer mir Einlaß verlangt hat?« Der Türhüter erkennt, daß der Mann schon an seinem Ende ist, und, um sein vergehendes Gehör noch zu erreichen, brüllt er ihn an: »Hier konnte niemand sonst Einlaß erhalten, denn dieser Eingang war nur für dich bestimmt. Ich gehe jetzt und schließe ihn.«[7]

.:.

Jacques Derrida hat diese Parabel zu einer beispielhaften Demonstration der Art und Weise gemacht, wie Kafka uns erlaubt, das Wesen und das Spiel des Gesetzes in unseren Gesellschaften zu verstehen. Das Gesetz habe grundsätzlich mit dem Geheimnis, dem Verborgenen, dem Aufschub zu tun. Das Gesetz verbietet nicht nur, sondern wird auch verboten. Um als Gesetz fungieren zu können, um Gehorsam und Beachtung hervorzurufen, muss es sich verstecken, die Spuren seines zweifelhaften Ursprungs verwischen und durch eine ganze Reihe von Dispositiven (politische Riten, Bilder der Macht, Wachen vor den Palästen) unser Fernsein organisieren. Es hält uns auf Distanz. Das Rechtssubjekt lebt in einer Welt, in der der Gehorsam gegenüber dem Gesetz mit der Figur des Gesetzes als mysteriöses, fernes, unzugängliches Dispositiv verbunden ist. Es ist, als würden wir nie das Gesetz kennen, sondern nur seine Vertreter (den Wächter). Das Gesetz bezieht seine Autorität aus dem Geheimnis, das es umgibt. Das Gesetz, »wir wissen nicht, was es ist, wer es ist, wo es sich befindet. Ist es ein Ding, eine Person, ein Diskurs, eine Stimme, eine Schrift, oder ganz einfach ein Nichts, das den Zugang zu sich unaufhörlich hinauszögert und sich so verbietet, etwas oder jemand zu werden?«. Das Gesetz liegt im Raum des »Nichtwissens« – und das »Gesetz des Gesetzes« könnte folgendermaßen beschrieben werden: »Man erreicht es nie«.[8]

.:.

Die Macht ist bei Kafka nicht nur hinsichtlich des Ortes ihrer Entscheidung und Anwendung unbestimmt, da man im Grunde nie genau weiß, wo sie sich befindet. Sie ist es auch in der Art und Weise, wie sie ausgeübt wird. Die Macht, die er beschreibt, ist höllisch, weil sie ohne Regeln und inkohärent ist. Das kafkasche Subjekt ist in den Netzen einer Macht gefangen, deren Übel und Angstgefühle, die sie erzeugt, vor allem daher rühren, dass sie anarchisch und damit widersprüchlich ist, ohne Regeln – man weiß nicht, wessen man beschuldigt wird, man weiß nicht, wie man sich verteidigen soll, die Gesetze sind nicht kohärent.

Pierre Bourdieu beschreibt den *Proceß* als Erkundung einer »absoluten und unvorhersehbaren Macht«, die in der Lage ist, die Angst ins Extreme zu steigern, indem sie einen dazu verurteilt, sich massiv auszuliefern, was mit einer sehr großen Unsicherheit verbunden ist: »Man muß mit allem rechnen; das Schlimmste ist niemals ausgeschlossen.« Bei Kafka wird das Gericht, »die Institution, die für gewöhnlich den Auftrag wahrnimmt, der Willkür Grenzen zu setzen«, zum »Ort von Willkür schlechthin«:[9] Dieses »zur Institution erhobene Chaos« einer Macht, die der »Regel [folgt], keiner zu folgen«, zeigt sich in der Beschaffenheit des Gerichtsdispositivs, in dem Josef K. gefangen ist. Während K. zum Beispiel gesagt wird, dass das Verfahren zu nichts verpflichtet (»Das Gericht will nichts von Dir. Es nimmt Dich auf wenn Du kommst und es entläßt Dich wenn Du gehst.«[10]), stürmen zwei Polizisten plötzlich in sein Haus, um ihn zu verhaften, er wird beschuldigt, zu spät zu einer Vorladung gekommen zu sein, und vor allem schickt das Gericht schließlich zwei Henker, um ihn abzuholen und hinzurichten.

Kafkas Werk begründet eine Sensibilität, für die die Negativität des Gesetzes, das, was an der Macht nicht stimmt, systematisch mit Unordnung, Inkohärenz und Widerspruch verbunden ist. Seinem Biographen Reiner Stach zufolge spürte Kafka durch die Figur seines Vaters, dass »das Entsetzliche der Macht gerade in ihrer Eigengesetzlichkeit und scheinbar ziellosen, undurchdringlichen Willkür liegt« – denn sein Text *Brief an den Vater* ist voll von Beschreibungen, wie der Vater ständig Regeln aufstellt, an die er sich nie hält.[11]

·:·

Diese Thematisierung der Macht erklärt, weshalb Giorgio Agamben in seinen Analysen der Staatsmacht und der Logik der Ausnahme Kafkas Werk häufig verwendet hat: Seiner Ansicht nach ist die heutige Funktionsweise der Souveränität dadurch gekennzeichnet, dass die Macht sich von jeglicher Form von Kohärenz und Regel entbindet. Das Gesetz wird veröffentlicht, aber es wird inkohärent und anarchisch angewendet. Der Staat vermehrt die Ausnahmeregelungen (Überwachung der Massen, Behandlung von Ausländern, Antiterrorgesetze etc.), in denen das Recht keine klaren Prinzipien mehr aufstellt: Der Souverän weicht dauernd von den Regeln ab, die er aufstellt, und gibt diese Abweichung als legal aus, wodurch das Leben nicht mehr durch das Gesetz geregelt wird, sondern sich in der Falle einer anarchischen Macht befindet: »Eines der Paradoxe des Ausnahmezustands besteht darin, daß in ihm die Überschreitung des Gesetzes und seine Ausübung nicht unterschieden werden können, so daß das, was der Norm entspricht, und das, was sie verletzt, in ihm restlos zusammenfallen«.[12]

Agamben schlägt vor, in der Parabel *Vor dem Gesetz* eine Veranschaulichung der Situation zu sehen, die sich aus der Herrschaft des Prinzips der Ausnahme in unseren Gesellschaften ergibt. Er liest sie nicht wie Derrida als Ausdruck einer mystischen Grundlage der Autorität, sondern vielmehr als Ausdruck der Logik der souveränen Ausnahme. Welches Bild zeichnet diese Parabel, wenn nicht das eines Gesetzes, bei dem »es sich gerade an dem Punkt am stärksten erweist, wo es nichts mehr vorschreibt, das heißt reiner Bann ist.«[13] Der Mann vom Lande ist ein gelähmtes Wesen, das sein ganzes Leben lang vor dem Gesetz sitzt, weil es ihm ständig widersprüchliche Anweisungen gibt: Die Tür ist offen, aber verboten; der Türhüter sagt ihm, dass er versuchen könnte, einzutreten, rät ihm aber, darauf zu verzichten; die Tür ist nicht zugänglich und doch nur für ihn da … Diese Existenz, die einer anarchischen Macht unterworfen ist, kann keine eigene Realität mehr haben. Sie reduziert sich auf eine Existenz, die vollständig dem Gespenst eines inkohärenten Gesetzes untersteht. Aus dieser Perspektive könnte die Hartnäckigkeit des Mannes, der jahrelang vor der offenen Tür des Gesetzes bleibt, auch als Zeichen einer erfolgreichen Widerstandsstrategie interpretiert werden. Unter Einsatz seines Lebens gelingt es ihm, den Türhüter dazu zu bringen, die Tür des Gesetzes zu schließen, und so wird er schließlich von der Bezogenheit auf das Gesetz befreit, das in seiner Unbestimmtheit bis dahin sein Leben kolonisierte und ihn in seiner Macht hatte.

3

Welche Operationen vollzieht ein Diskurs, der eine Kritik der Macht ausgehend vom Motiv der Unbestimmtheit entwickelt? Welche Annahmen sind am Werk, wenn wir die Staatsmacht als problematisch bezeichnen, indem sie auf ihren anomischen, mysteriösen, deregulierten Charakter bezogen wird – auf die Tatsache, dass sie eine außergewöhnliche Autorität über uns hat, ohne dass es uns jemals gelingt, vollständig zu verstehen, wie sie funktioniert, oder in der Lage zu sein, ihre Entscheidungen vorherzusehen?

Auf den ersten Blick ist es vielleicht sehr schwer, diesen Eindruck zu widerlegen. Tatsächlich ist nichts furchterregender als die kafkaeske Macht, die absolute Staatsmacht ohne Grenzen und Regeln, die jederzeit gegen jeden von uns wüten könnte. Nichts ist realer als die Sorge von jemandem, der einen bedrohlichen Brief von einer Behörde erhält, zur Polizei vorgeladen wird oder vor einem Richter erscheint und sich vor einer Person wiederfindet, die eine Position innehat, in der sie Entscheidungen treffen kann, die dramatische Auswirkungen auf den Rest seines Lebens haben.

Aber vielleicht sollte man diesen monströsen Vorstellungen misstrauen. Sie sind stereotyp, bombastisch und beeindrucken unseren Geist. Aber gerade deshalb könnten sie zu

Verzerrungen führen und vor allem mit dem Aufbau von Empfindungen verbunden sein, die dafür sorgen könnten, dass uns die konkrete Funktionsweise der Macht, ihr Wesen und unsere Beziehung zu den von ihr geschaffenen Dispositiven entgehen könnten.

.:.

Macht mit Willkür, Unbestimmtheit und damit in gewissem Sinne mit dem Monströsen zu assoziieren bedeutet zunächst, das Risiko einzugehen, eine Unempfindlichkeit gegenüber all dem zu fördern, was die Herstellung von Kontrolle gewöhnlichen und routinemäßigen Logiken verdankt. Die Faszination, die die kafkaeske Figur der anomischen Macht auf uns ausüben kann, lenkt unsere Aufmerksamkeit von dem ab, was tagtäglich durch das Handeln von Richtern, Staatsanwälten, Polizisten, Beamten in Gerichten und Verwaltungen geschieht, wo durch eine Vielzahl standardisierter Entscheidungen und eine normalisierte Lebensführung die Mechanismen der Macht ihr ganzes Potenzial entfalten. Einer der wichtigsten Beiträge von *Überwachen und Strafen* von Michel Foucault bestand darin, zu zeigen, wie man nur dann die tatsächliche Funktionsweise der Macht in unseren Gesellschaften erfassen kann, wenn man mit den spektakulären Vorstellungen davon bricht: Durch eine diffuse Entfaltung minutiöser Regeln und stabiler Praktiken wirkt die Strafrationalität in Verbindung mit anderen Disziplinarformen (Schule, Medizin …) wie ein Raster und unterwirft die Subjekte ihrer normalisierenden Rationalität. Das Rechtssubjekt ist kein kafkaeskes Subjekt, das sich in einer prinzipienlosen Rechtswelt verloren hat, die mit beängstigenden Befugnissen ausgestattet ist. Es ist ein Subjekt, das im Übermaß einer unendlichen Menge von kleinen, gewöhnlichen Mächten (einem Stundenplan, einem psychiatrischen Gutachten, einer Aufsichtsperson im Internat etc.) ausgesetzt ist, die ihm höchst präzise Regeln auferlegen. Durch diese Über-Normalisierung seiner Existenz, diese rastlose Unterwerfung seines Körpers und seines Geistes unter Disziplinarmechanismen, erfährt das Subjekt die Mächte. Die Sensibilität kafkascher Art ist mit anderen Worten Ausdruck einer Art *Eskapismus in die Sonderbarkeit*, der verhindert, dass man das Schlechte des Normalen sieht, dass die Macht viel eher aus der Rigidität der Anwendung von Normen als aus einem Anarchismus der Regeln hervorgeht. Wenn man aufdecken möchte, was den Menschen leiden lässt oder sein Leben verstümmelt, muss man es in der Überregulierung suchen, der er unterliegt, in den präzisen Bestimmungen, denen er unterworfen ist, und nicht im phantasmatischen Fehlen von Normen und in Unbestimmtheiten.

.:.

Es ist kein Zufall, dass das Thema der Anomie (oder die Verbindung von Souveränität und Ausnahme) uns die Fähigkeit nimmt, all das zu verstehen, was die Macht der routinierten Anwendung von Regeln verdankt. Denn was kritisiert man, wenn man die *Anomie des Gesetzes* kritisiert? Welche Formen der Kritik werden angewendet, wenn wir angesichts einer Macht, die uns schockiert, versuchen, das Empörende an ihrem Handeln zu bestimmen, das heißt, es gleichzeitig zu erfassen und zu bezeichnen, indem wir ausrufen: »Aber das ist nicht rechtens« oder »das ist rechtswidrig« oder auch »das ist eine rein willkürliche Entscheidung« …, wie wir das bei einer Polizeiaktion, der Entscheidung eines Gerichts oder der Administration oder einem Asylverfahren etc. so oft tun.

Wenn man wie Kafka oder in der Art von Kafka sagt, dass die Macht problematisch ist, und diese Eigenschaft mit der Tatsache verbindet, dass sie unberechenbar, anarchisch und ungeordnet ist, dass das Subjekt angesichts eines Rechts, das sich ständig selbst widerspricht, erstickt, betont man, implizit, tatsächlich die Positivität der umgekehrten Situation und damit, dass eine stabile und geordnete Rechtsordnung nicht problematisch wäre. Hier ist ein grundlegender Legitimismus der Rechtsnorm am Werk. Denn nur wenn das Gesetz nicht mehr mit sich selbst identisch ist, kann etwas Kritisierbares zutage kommen – wenn die Rechtsordnung kohärent und zugänglich wäre, gäbe es nichts mehr zu sagen, und das kafkasche Subjekt würde seine Situation nicht als Albtraum erleben.

Was Kafka in Frage stellt, indem er so tut, als ob er das Gesetz angriffe, ist letztlich nie das Gesetz: Es ist vielmehr die Abwesenheit des Gesetzes, die Abwesenheit der Ordnung und die Abwesenheit der Regularität. Die Negativität des Gesetzes kommt nur dann zum Vorschein, wenn es sich als Gesetz auflöst. Kafka schreibt in seinem Tagebuch übrigens ausdrücklich, dass es der *Mangel an Gesetz ist, der ihn ängstigt*: »Es ist nicht Trägheit, böser Wille, Ungeschicklichkeit […] welche mir alles mißlingen oder nicht einmal mißlingen lassen: Familienleben, Freundschaft, Ehe, Beruf, Literatur, sondern es ist der Mangel des Bodens, der Luft, des Gebotes. Diesen zu schaffen ist meine Aufgabe«.[14] Die Lektüre von Kafka ist in ihrer Wirkung zwangsläufig konservativ: Indem sie uns mit der Schilderung einer Welt Angst macht, in der das Gesetz unsichtbar und unbestimmt ist, weckt sie in uns den Wunsch, in einem Regime zu leben, in dem das Gesetz geschrieben, feststehend und öffentlich ist – das heißt, in der Welt zu leben, in der wir bereits leben.

·:·

Sobald man das Fehlen oder die Inkohärenz der Gesetze negativ zeichnet, sobald man versucht, das Schlechte der Mächte zu benennen, indem man es auf ihren anomischen oder anarchischen Charakter bezieht, findet man sich zwangsläufig in einem Diskurs gefangen, der die Gewaltwirkungen, die durch die normale Legalität potenziell am Werk sind, und die Tatsache, dass staatliche Gewalt sehr oft auch mittels der normalen Legalität ausgeübt wird, aus seinem Untersuchungsfeld ausgeblendet hat. Indem sie davon ausgeht, dass die Abwesenheit des Gesetzes das Problem ist, ist diese Denkweise von einer grundlegenden Unvollständigkeit geprägt: Sie erzeugt im Subjekt ein Verlangen nach dem Gesetz, das seine Blindheit gegenüber dessen potenziell zwingender und negativer Natur voraussetzt.

Ein exemplarischer Fall für die diesem Ansatz inhärenten Beschränkungen sind die Diskurse, die über die Polizei kursieren. Fast systematisch beschränkt sich die Kritik an der Polizei auf eine Kritik des polizeilichen Illegalismus: Angesichts einer Praxis, die uns entrüstet oder schockiert, sagen wir, um sie in Frage zu stellen: »Das ist illegal« oder »die Polizisten glauben, sie können sich alles erlauben«. Wir greifen auch Richter und Politiker an, die ihre Handlungen oftmals, anstatt sie zu sanktionieren, unter Berufung auf »den Kontext« oder die »Selbstverteidigung« billigen, unterstützen, ja als legal durchgehen lassen. Die »Straffreiheit«, die Polizisten genießen würden, würde erklären, warum sie die Fähigkeit besitzen, eine nahezu totale Macht über das Leben auszuüben.

Missstände in diesen Begriffen zu thematisieren bedeutet, ein Raster der Intelligibilität zu konstruieren, bei dem das Problem der Polizei mit ihrem anomischen Charakter identifiziert wird: Da keine Macht ihre Exzesse sanktioniert, hält sie sich nicht an die Regeln, die sie eigentlich einhalten sollte, und diese Nichteinhaltung ist gefährlich. *Zur Kritik der Gewalt* von Walter Benjamin könnte als ein Gründungstext dieser Analytik angesehen werden. Denn Benjamin behauptet darin, dass die Polizei mit einem wesentlichen Charakteristikum versehen ist, das diese Behörde in einem Rechtsstaat so problematisch macht: Sie hat eine Position inne, in der sie die Vorschriften, die den Rahmen ihrer Tätigkeit bilden sollen, interpretieren, mit Sinn füllen und neu bewerten kann. Sie kann unaufhörlich ihre Zwecke »in weiten Grenzen selbst setzen«: »Das Schmachvolle einer solchen Behörde [...] liegt darin, daß in ihr die Trennung von rechtsetzender und rechtserhaltender Gewalt aufgehoben ist«.[15] Das »Schmachvolle« der Polizeigewalt würde also daher kommen, dass sie, obwohl sie behauptet, das Recht anzuwenden, es in Wirklichkeit unaufhörlich schafft, erfindet und seine Definition erweitert. Die Polizei verwischt die

Grenze zwischen einer Macht, die das Recht anwendet, und einer Macht, die das Recht setzt. Diese Situation hat zur Folge, dass das Subjekt, wenn es der Polizei gegenübersteht, mit einer fast grenzenlosen Macht konfrontiert ist, weil sie in der Lage ist, ihre eigene Legalität zu begründen. Die Polizei wäre also eine schlechte Macht, weil sie die Logik des Rechts ständig auflöst – sie ist eine Ausnahmemacht, anomisch, ohne Kontrolle.

Wenn wir jedoch einen kritischen Diskurs über die Polizei auf die Tatsache gründen, dass sie ständig Normen und Vorschriften verwischt, werden unsere Diskurse von einem Rahmen abhängig, in dem, implizit, gilt: Wenn die Polizei klare und präzise Normen einhalten würde, wenn sie sich damit begnügte, das Gesetz anzuwenden, dann wäre das in Ordnung – und wir hätten nichts mehr zu bemängeln. Diese Analytik verbietet uns mit anderen Worten völlig, die Gewalt gewöhnlicher und legaler Praktiken, ihren problematischen Charakter und die Tatsache, dass eine gesetzeskonforme Handlung durchaus skandalös und problematisch sein kann, zu denken oder gar zu thematisieren. Schlimmer noch: Indem wir als Schwelle für das Erwachen unseres Impulses zur Kritik die Momente festlegen, in denen es zu Formen der Abweichung vom Gesetz oder der Verwischung kommt, tragen unsere Diskurse dazu bei, das zu legitimieren, was der Staat als legal festgelegt hat, das wir implizit als das betrachten, was jenseits des Kritisierbaren liegt (und schließlich bauen wir die Situation, in der die gesetzliche Ordnung perfekt eingehalten wird, zu etwas Wünschenswertem auf, als ob das Gesetzliche tugendhaft und ethisch wäre). Dann wird das, was wir als Kritik bezeichnen, von den Kategorien und Abgrenzungen abhängig, die der Staatsapparat aufstellt (die Teilung legal/illegal), und ist sogar Teil ihrer Funktionsweise und Legitimation.

4

Aber alle Einwände, die man gegen die Verwendung von Konzepten wie der Anomie oder Unbestimmtheit vorbringen kann, reichen nicht, um das Gefühl zu vermindern, dass eine der beängstigendsten Formen der Ausübung staatlicher Gewalt trotz allem in Situationen zu finden ist, in denen sie sich willkürlich entfaltet. Es scheint unmöglich, sich von dem Eindruck zu lösen, dass unsere Kontakte mit dem Staatsapparat deshalb so furchteinflößend sind, weil sie letztlich eine Reihe von Interaktionen mit Individuen darstellen, die eine besondere Macht über uns besitzen und gerade deshalb sowohl eine Großzügigkeit als auch eine Strenge beweisen können, die uns helfen oder uns bedrohen können. Wir würden eine gewisse Wahrheit unserer Erfahrung mit der Politik verpassen, wenn wir nicht auch die Erfahrung der Verwundbarkeit hinsichtlich der Logiken der Administration einbeziehen würden: Jedes Leben scheint jeden Augenblick aufgrund von Entscheidungen, die von mit Macht ausgestatteten Personen (mögen sie der Verwaltung, der Polizei, der Justiz … angehören) getroffen werden, aus den Fugen geraten zu können, je nachdem, wie dieselbe Handlung oder dieselbe Akte von diesem oder jenem Richter, dieser oder jener Kommission behandelt wird. Um zu wissen, dass sich im Herzen der Staatsmaschinerie die Möglichkeit der persönlichsten und unbeherrschbarsten Macht befindet, würde es genügen, einmal in seinem Leben mit der amerikanischen Einwanderungsbehörde konfrontiert gewesen zu sein und einem Polizisten gegenübergestanden zu haben, der entscheidet, dass etwas mit unserer Akte nicht stimmt, uns den Zutritt verweigert und uns zu einer weiteren Überprüfung in ein anderes Büro bringt, während neben uns andere Reisende dank eines Beamten, der sehr viel großmütiger zu sein scheint, problemlos die Grenze passieren. Diese ontologische Unsicherheit würde heute durch Gesetzgebungen verschärft, die – wie die Gesetze zur Massenüberwachung oder Terrorismusbekämpfung – unaufhörlich Straftaten mit immer unschärferen Konturen und durch Polizisten und Richter immer stärker manipulierbare Definitionen geschaffen haben.

.:.

Dennoch bietet die Verwendung des Begriffs der Willkür als eigenständiges Kriterium, das allein die problematische Natur einer Macht zu bewerten erlauben würde, ein vorzügliches Terrain, um die Grenzen zu erfassen, die jedem formalistischen oder prozeduralen Ansatz der Politik innewohnen. In der *Unbestimmtheit der Macht* das Prinzip ihrer Gewalt zu sehen baut eine Sensibilität auf, in der das Gesetz einzig aufgrund seines Mangels an Kohärenz oder seiner inneren Widersprüche bewertet und abqualifiziert wird, unabhängig von seinem Inhalt. Es ist nur die fehlende Logik der Macht, der es gegenübersteht, die das Subjekt leiden lässt und es einer ganzen Reihe von Ängsten aussetzt.

Auf den ersten Blick kann man dieser Vorstellung nur zustimmen. Trotzdem bleibt diese Analyse unzureichend, da sie verbietet, die umgekehrten Situationen zu denken, in denen gerade die Anwendung des Gesetzes eine Quelle der Gewalt ist und die Willkür eine befreiende Wirkung hat. Man kann das Beispiel des Begnadigungsrechts nehmen, die Möglichkeit, die in fast allen politischen Systemen besteht, in denen das Staatsoberhaupt, sei es gewählt oder nicht, über die rein willkürliche Fähigkeit verfügt, Verurteilungen aufzuheben, Personen aus dem Gefängnis zu entlassen oder ihr Strafmaß zu verringern – und auf diese Weise in Situationen, in denen die Anwendung des Gesetzes zu Entscheidungen geführt hat, die die öffentliche Meinung schockiert haben, zuweilen wieder eine gewisse Form von Gerechtigkeit herstellen kann.

Die Geschichte der Kodifizierung der Strafen im französischen Strafgesetzbuch nach der Französischen Revolution ist ein weiteres Beispiel dafür, wie entgegen der kafkaschen Rhetorik die Suche nach einer Art Gerechtigkeit manchmal eher zur Einführung eines Systems geführt hat, das nicht weniger, sondern mehr Willkür beinhaltet. Die Revolutionäre wollten mit der königlichen Justiz brechen, der vorgeworfen wurde, den Richtern zu viel Spielraum zu geben. Denn diese bestraften die Angeklagten sehr unterschiedlich, je nachdem, ob sie der Aristokratie, der Bourgeoisie oder dem Bauernstand angehörten … Das erste Strafgesetzbuch von 1791 führt daher gegen diese Institution der Willkür ein Regime fester Strafen ein: Jedem Verbrechen oder Vergehen wird eine Strafe zugeordnet, die der Richter verhängen muss, wenn der Angeklagte für schuldig befunden wird.

Zum Beispiel: »Jeder Diebstahl, der mit Gewalt gegen Personen begangen wird, wird mit zehn Jahren Eisen bestraft.« Oder: »Jede Verstümmelung, die in Person des natürlichen oder rechtmäßigen Vaters oder der Mutter oder eines anderen rechtmäßigen Verwandten in aufsteigender Linie der Täter begangen wird, wird mit zwanzig Jahren Eisen bestraft.«

Sehr schnell jedoch erschien dieses System, bei dem die Regel durch das Gesetz festgelegt und von Richtern nur angewendet wird und bei dem das Subjekt somit einem Dispositiv gegenübersteht, in dem die »Rechtssicherheit« gewissermaßen maximal wäre, als sehr gewaltsam. Jede gerichtliche Entscheidung wirft die Frage der Anwendung einer allgemeinen Regel auf einen bestimmten Fall auf. Die Unbeweglichkeit der Strafen führte oft zu absurden oder grausamen Bestrafungen, weil sie für die unterschiedlichen Umstände, Biographien, Altersgruppen und Profile der Angeklagten völlig blind waren. Deshalb wurde ab 1810 eine Reihe von Reformen eingeführt, um den Richtern *mehr* Ermessensspielraum einzuräumen, indem sie sowohl zwischen verschiedenen Strafen (Gefängnis, Geldstrafen, gemeinnützige Arbeit etc.) wählen konnten als auch deren Härte an die Umstände und ihre Einschätzung der Persönlichkeit des Angeklagten anpassen konnten.

Mir geht es hier nicht darum, eine Art naive Lobeshymne auf das gegenwärtige System anzustimmen, das in seiner Funktionsweise durchaus grundsätzlich zu hinterfragen ist. Aber im Gegensatz zu den Prinzipien, die den kafkaschen Ansatz leiten, muss man feststellen, dass gerade die Regel manchmal repressiv ist und die Willkür gerechter erscheint.

Ein binäres Interpretationsraster zu konstruieren, in dem die Polarität willkürlich/geregelt dem Gegensatz negativ/positiv entspricht, lässt die mannigfaltigen Formen der Funktionsweise der Macht im Dunkeln, deren Wahrheit immer in den substanziellen Effekten liegt, die sie von Fall zu Fall in dieser oder jener Situation erzeugt.

5

Doch kann man die Analyse noch weitertreiben und sie nicht darauf beschränken, Kafkas Identifizierung der Kategorie der Willkür mit der Negativität der Macht in Frage zu stellen. Denn was zu hinterfragen ist, ist die Relevanz des Konzepts der Willkür selbst für die Beschreibung der Operationen der Macht.

Agamben erwähnt oft eine Kurzgeschichte mit dem Titel »Der Schlag ans Hoftor«, um zu veranschaulichen, wie Kafkas Literatur uns auf die Willkür der Staatsmacht, der wir alle ausgesetzt sind, aufmerksam machen will, indem sie die Realität übertreibt, um uns aufzurütteln. Eines Tages geht ein Mann mit seiner Schwester bei einem Spaziergang am Tor eines Anwesens vorbei. Sie klopft unwillkürlich an die Tür, einfach so, im Vorbeigehen – oder vielleicht, so sagt uns ihr Bruder (der Erzähler der Geschichte), droht sie auch nur mit der Faust. Er erinnert sich nicht mehr genau, weil die Handlung derart unbedeutend war. Auf ihrem weiteren Weg kommen sie in ein kleines Dorf, und die Dorfbewohner geben ihnen ein Zeichen, stehen zu bleiben: Wegen diesem Schlag sei eine Untersuchung im Gange, sagen sie. Der Mann nimmt die Situation nicht ernst: »deswegen [wird] nirgends auf der Welt ein Proceß geführt«. Doch er irrt. Man sagt ihm, dass seine Schwester und er angeklagt würden.

Er bewegt seine Schwester dazu, zu gehen und sich umzuziehen, um korrekt gekleidet vor Gericht zu erscheinen. Als sie gegangen ist, kommen bewaffnete Reiter und umringen den Mann. Sie befehlen ihm, in einen Raum zu gehen, wo er vor einem Richter steht. Selbst der Richter zeigt Mitgefühl für das Schicksal, das ihn erwartet – verurteilt ihn aber dennoch zu lebenslanger Haft: »Könnte ich noch andere Luft schmecken, als die des Gefängnisses? Das ist die große Frage oder vielmehr sie wäre es, wenn ich Aussicht auf Entlassung hätte.«[16]

Wenn wir dazu neigen, uns von solchen Erzählungen berührt zu fühlen, dann weil wir uns in den beängstigenden Schilderungen wiedererkennen, die sie uns bieten, und weil uns selbst angst und bange ist bei der Vorstellung, eines Tages einer Person gegenüberzustehen, die die Macht hat, nach eigenem Belieben unser Leben aus den Fugen geraten zu lassen, selbst für ein lächerliches Verhalten. Diese Affekte drücken jedoch die abstrakten Empfindungen einzelner Personen aus. Sie stehen für ein Weltverständnis, das von einer subjektiven Sichtweise ausgeht, die eine soziologische Analyse der objektiven Logik von Machtsystemen in Frage stellt. Wenn wir Kafka misstrauen müssen, dann auch deshalb, weil wir der Literatur und den spontanen Wahrnehmungen misstrauen müssen, zu deren Mittlerin sie sich oftmals macht.

In *On the Run* analysiert Alice Goffman die unterschiedliche Behandlung von Weißen und Schwarzen durch die Polizei und die Konsequenzen dieser Unterschiede für das gelebte Leben und die Beziehungen zur Welt. Goffman stammt aus der weißen Bourgeoisie. Sie erzählt, wie sie in ihrer Jugend und ihrer Zeit an der Universität miterlebte, wie ihre Freunde oder Bekannten kriminelle Verhaltensweisen an den Tag legten (Drogenkonsum, Schlägereien unter Freunden oder am Ende des Abends, kleine Überfälle). Doch nie wurde jemand verfolgt oder kam ins Gefängnis: Weiße wurden manchmal von der Polizei zurechtgewiesen, sie wurden zur Ordnung gerufen, manchmal tauchte die Polizei auf einer Party auf und beschwichtigte Leute, die sich stritten oder zu viel Lärm machten – aber es blieb bei diesem Kontakt mit den Ordnungskräften. Trotz dieser Vorfälle, die fast schon rituell zum Schul- oder Universitätsalltag gehörten, setzten alle ihr normales Leben bis ins Erwachsenenalter fort.

Als Alice Goffman für ihre Studie jedoch begann, mit Bewohnern der Schwarzenviertel zusammenzukommen, stellte sie eine ganz andere Situation fest. Bei denselben Taten, Verhaltensweisen und Einstellungen, die im selben Alter, unter denselben Umständen und oft ebenso harmlos begangen wurden, liefen die Dinge völlig anders ab, nach einer Logik, die an die Kurzgeschichte »Der Schlag ans Hoftor« erinnert: Die Schwarzen wurden sofort verhaftet, auf die Polizeiwache gebracht und vom Staatsanwalt verfolgt. Während ein Streit zwischen zwei Weißen auf einer Party in einem Haus ein Nicht-Ereignis ist, wird zwischen zwei Schwarzen dieselbe Szene zum Ausgangspunkt einer Wende im Leben. Es gibt eine Verhaftung. Es gibt eine Gefangennahme.

Die Polizei nutzt die Gelegenheit, um Personen ins Straf- und Gefängnissystem zu schicken. Die Verhaftung führt zur Verurteilung, die wiederum zum Schulabbruch führt; ein Vorstrafenregister zu haben bringt in den USA eine legale

Diskriminierung bei der Arbeits- und Wohnungssuche, wirtschaftliche Unsicherheit mit sich – und das Leben hat sich für immer verändert.

Wir haben es hier mit der Beschreibung identischer Handlungen von Personen ähnlichen Alters zu tun, die theoretisch denselben Rechtsvorschriften ausgesetzt sind. Aber Handlungen, die im Ermessen der Polizei liegen, die Entscheidung, zu verhaften oder nicht, dem Staatsanwalt vorzuführen oder nicht, die Entscheidung des Staatsanwalts, Anklage zu erheben oder nicht, führen zur Erzeugung von zwei unterschiedlichen Gruppen: einer weißen Jugend, die sich an den Universitäten und Highschools bewegt, und einer schwarzen Jugend, die sich in den Gerichten und Gefängnissen bewegt. Für die Weißen gibt es das Schulsystem und für die Schwarzen das Strafsystem. Und es ist die Polizei, die diese Trennung vornimmt.

Ein Schwarzer oder Weißer, der sieht, wie die Polizei am Ort eines Streits oder einer eskalierenden Party eintrifft, kann das Gefühl haben, eine kafkaeske Erfahrung zu machen. Innerhalb weniger Minuten kann ein Polizist sagen: »Beruhigen Sie sich und gehen Sie nach Hause« oder »Ich verhafte Sie«. Und ein paar Stunden später kann ein Staatsanwalt sagen: »Ich lasse Sie für dieses Mal frei« oder »Ich klage Sie an«. Er hat also in jedem Moment des rechtlichen Verfahrens den subjektiven Eindruck, staatlicher Willkür, einer willkürlichen Macht unterworfen zu sein, die von einer einzelnen Person ausgeübt wird, und dass ein Rechtssubjekt zu sein bedeutet, in diesem Netz mit unbekannten und undurchsichtigen Zuständigkeiten gefangen zu sein.

In Wirklichkeit ist diese Vorstellung jedoch ein *subjek-*

tiver Eindruck, dessen Wahrheit sich verliert, sobald man die Perspektive wechselt, sich von einer individuellen Sichtweise löst und eine soziologische Sicht einnimmt – und mithin die Funktionsweise des repressiven Staatsapparats mit der sozialen Ordnung in Verbindung bringt. Die von Alice Goffman beschriebenen Handlungen sind zwar rechtlich inkohärent, aber sozial-rassisch kohärent: Sie tragen systematisch dazu bei, eine soziale Ordnung zu bilden, die Schwarze übermäßig dem Strafapparat aussetzt und Weiße davor bewahrt.

Michelle Alexander hat in ihrem Buch *The New Jim Crow* ähnliche Analysen zum polizeilichen Umgang mit Drogen vorgelegt: Während Schwarze und Weiße vergleichbare Praktiken des Drogenkonsums oder -handels haben, zielt der Krieg gegen die Drogen besonders auf Schwarze ab. In einigen Bundesstaaten der USA werden afroamerikanische Männer für diese Delikte zwanzig- bis fünfzigmal häufiger inhaftiert als Weiße. Die Polizei nutzt mit anderen Worten die Antidrogengesetzgebung und den Ermessensspielraum, den sie ihr gibt, um in den Vereinigten Staaten über den Strafapparat ein rassisches Kastensystem herzustellen und aufrechtzuerhalten. Hinter scheinbarer Willkür stellt die Macht durch eine Vielzahl ihrer Handlungen Ordnung, Regularität und Stabilität her.

·:·

In dem Brief von Jean Genet, den ich am Anfang dieses Buches zitiert habe, sagte Genet, dass er sich außerhalb von Kafkas Welt fühle, weil seiner Meinung nach das, was Josef K. in *Der Proceß* passiert, »niemandem passiert«. Diese Aussage muss ganz und gar bekräftigt werden. Es passiert tatsächlich niemandem, denn das typisch kafkasche Bild von einem Individuum, das allein einem Machtapparat gegenübersteht, stellt einen trügerischen Schein dar. Diese Form der Wahrnehmung von Macht ist von einem abstrakten Individualismus geprägt (ein Mann vor seinem Prozess, ein Soldat, der wegen Ungehorsams hingerichtet wird, ein Mann, dessen Schwester an die Tür eines Anwesens klopft, ein Landvermesser, der ein Schloss sucht etc.), der ihn daran hindert, eine angemessene Analytik bürokratischer und rechtlicher Vorgänge vorzunehmen. Denn das Universum des Rechts ist nicht autonom. Es ist Teil des Spiels der gesellschaftlichen Kräfte, und die Bedeutung seiner Handlungen wird deutlich, wenn sie wieder mit diesem Spiel in Zusammenhang gebracht werden. Da es statistisch gesehen stimmt, dass, wie David Garland sagt, der Strafstaat nicht Individuen, sondern Gruppen von Individuen einsperrt, gibt es Josef K. nicht. Was es gibt, sind sozio-rassische Klassen, die dem repressiven Staatsapparat oder dem Fokus der Polizei mehr oder weniger ausgesetzt sind und deren Bestrafung eines der Instrumente darstellt, mit denen die soziale Ordnung Herrschaftsformen produzieren und reproduzieren kann. Wenn wir glauben, Anomie oder Willkür in den Handlungen des Staates zu sehen, liegt das größtenteils daran, dass wir Handlungen, die auf der kollektiven Ebene vorschriftsmäßig sind und deren Bedeutung in den Auswirkungen auf die soziale Ordnung liegt, als eine Reihe von individuellen und der Rechtssphäre internen Phänomenen begreifen. Mit anderen Worten: Die Vorstellung von der Willkür der Staatsmacht ist eine optische Täuschung, die aus der Einnahme eines verzerrten, weil partiellen Blickwinkels resultiert.

Wenn Kafka sich die Frage gestellt hätte, welcher Gesellschaftsschicht Josef K. angehörte, wie seine Gesellschaft strukturiert war, welche Gruppe in dieser Gesellschaft überproportional häufig für welche Art von Straftaten im Gefängnis saß, wer das Ziel des Polizei- und Justizapparats war, kurz, wenn er nicht in Begriffen des repräsentativen Individuums, sondern in relationalen und differenziellen Begriffen gedacht und die Staatsmacht in den Zusammenhang des Spiel der gesellschaftlichen Kräfte gestellt hätte, wäre diese wieder kohärent geworden: Sie wäre alles andere als willkürlich erschienen, sondern hätte sehr genau anvisiert, wen sie anvisieren sollte und wie sie anvisieren sollte, um Teilungen vorzunehmen und die hierarchischen Normen zu verstärken, die in dieser Gesellschaft zum Tragen kommen. Der Anarchismus der Macht auf der rechtlichen Ebene ist das Gegenstück zu ihrer geregelten Funktionsweise auf der soziopolitischen Ebene.[17]

∴

Der grundlegende Fehler, der das Scheitern eines jeden Diskurses kennzeichnet, der den Begriff der Willkür (oder ähnliche Begriffe wie Anomie, Regellosigkeit, Anarchie etc.) verwendet, um zu versuchen, eine Macht oder Institution zu beschreiben, besteht im Grunde darin, dass er in der offiziellen Vorstellung von dieser Macht oder Institution gefangen bleibt, während er den Anspruch erhebt, sie zum Gegenstand zu machen. Wenn eine Institution Handlungen ausführt, die sich von den erwartbaren unterscheiden, und dies als Beweis für eine anarchische oder willkürliche Funktionsweise angesehen wird, bedeutet dies, weiterhin zu glauben, dass die Institution auch anders hätte handeln können. Es bedeutet auch, die offiziellen Normen zu bewahren und daran festzuhalten, da per Definition durch den Vergleich zu dem, was diese vorschreiben, die beobachteten Praktiken inkohärent erscheinen. Wenn Institutionen nun aber nicht so handeln, wie wir uns vorstellen, dass sie handeln sollten, ist dies dann nicht eher ein Beweis dafür, dass sie nach anderen Kriterien handeln – das heißt, dass sie objektive Funktionen wahrnehmen, die sich von ihren offiziellen Funktionen unterscheiden?

Ein Schwarzer, der allein vor der Polizei steht, kann sich sagen: Ein Polizist agiert willkürlich, da ich anders behandelt werde als mein weißes Pendant. Doch was er hier gleichzeitig bezeugt und erleidet, ist einfach die Tatsache, dass das Gesetz vielleicht nicht in erster Linie, wie man spontan glaubt, ein System ist, das den Zweck hat, das Verhalten aller zu normalisieren. Es ist ein System, das der Polizei und dem Staatsanwalt Macht verleiht, um zu entscheiden, gegen wen sie vorgehen oder, um es weniger auf den Einzelfall bezogen auszudrücken, gegen welche Personengruppe sie bei bestimmten Arten von Straftaten eher vorgehen als gegen eine andere.

In Begriffen der objektiven Funktionen zu denken bedeutet somit, sich die Mittel zu verschaffen, zu begreifen, dass eine Institution nicht dysfunktional ist, wenn sie Handlungen ausführt, die uns schockieren, solange wir weiter von ihrer offiziellen Definition beherrscht werden. Sondern dass sie ganz genau die Handlungen ausführt, die sie angesichts ihrer tatsächlichen Funktion (die von ihrer offiziellen Funktion abweicht) ausführen soll. Wenn quantitative Studien zeigen, dass die Polizei bei Personenkontrollen verglichen mit anderen Gruppen besonders auf nicht-weiße Jungen abzielt, sollte man daraus folglich nicht schließen, dass die Polizei in einer Weise handelt, die von ihrem öffentlichen Auftrag abweicht, oder dass sie eine anarchische und unkontrollierbare Macht darstellt. Diese Statistiken zeigen ihre objektive Funktion, die darin besteht, eine sozio-rassische Ordnung herzustellen, die je nach Personengruppe unterschiedliche Beziehungen zum öffentlichen Raum herstellt, die Beziehung von nicht-weißen Jungen zum öffentlichen Raum zu verschlechtern und somit Auswirkungen auf die räumliche Segregation und soziale Illegitimität zu entfalten. Und wenn ein junger Schwarzer von der Polizei getötet wird, sollte man nicht denken: Welche Fehlfunktionen haben das möglich gemacht? Sondern: Mission erfüllt. Denn wie Paul Butler, ein ehemaliger Schwarzer Staatsanwalt, in einem Buch mit dem Titel *Chokehold* schreibt, liegt der Grund dafür, dass amerikanische Polizisten fast nie angeklagt oder verurteilt werden, wenn sie auf Schwarze Männer schießen, selbst wenn diese unbewaffnet sind oder fliehen, vielleicht ganz einfach darin, dass sie, wenn sie das tun, ihren Job machen.[18]

Mit anderen Worten: Es steht fest, dass die Macht nicht auf das reduziert werden kann, was sie zu sein scheint. Aber in Begriffen der tatsächlichen Funktion zu denken bedeutet zu begreifen, dass ihre Wahrheit nicht unterhalb ihrer selbst liegt, in geheimen und unsichtbaren Instanzen, sondern im Gegenteil, dass sie gewissermaßen über ihr selbst liegt, dass sie in der Kohärenz der Auswirkungen zu suchen ist, die sie auf die soziale Welt hat.

⁘

Schließlich ist aus politischer Sicht eines der Argumente, die man gegen jede Kritik an einer Administration einwenden muss, die sich auf die Anprangerung ihrer Illegalismen beschränkt, dass man nicht begreift, dass die Teilung von legal und illegal nicht relevant ist, um die objektiven Funktionen einer Institution und die Form ihrer Praktiken zu verstehen. Die Wirklichkeit gehorcht einer subtilen Dynamik. Durch legale und illegale Handlungen, alltägliche, routinisierte, legalisierte und spektakulärere und strittige Praktiken erzeugt die Polizei, um beim gleichen Beispiel zu bleiben, bei Identitätskontrollen, Festnahmen wegen Drogenkonsums oder -handels oder bei der Aufrechterhaltung der Ordnung bei Demonstrationen präzise Einschüchterungs- und Zwangseffekte, die auf bestimmte Bevölkerungsgruppen mehr abzielen als auf andere. Das Problem der Polizei ist das substanzielle Problem des Aufbaus einer sozio-rassischen Ordnung durch eine Reihe von legalen und nicht legalen Taktiken – nicht das formale Problem eines Willkürregimes, das trotz ständiger Illegalismen von einer Logik der Straffreiheit gedeckt wird. Angesichts eines wie auch immer gearteten Machtphänomens müssen wir uns das Ziel setzen, die Ordnungen, Regeln und differenziellen Zugehörigkeiten, die es schafft, zu rekonstruieren, um das Verharren bei einer oberflächlichen Analyse zu vermeiden, die weder dessen Natur noch dessen Wahrheit erfasst.[19]

6

Auf den speziellen Fall des Justizsystems angewendet, verkörpert die typisch kafkaeske Inszenierung eines Individuums, das Opfer einer unbestimmten und anomischen Macht ist, die Figur des Unschuldigen, der zu Unrecht angeklagt oder gar verurteilt wird. Wenn Kafkas Werk in unserer Kultur einen so zentralen Platz einnimmt, dann auch weil es eine Erforschung dieser Figur bietet, die einen fast mythologischen Status besitzt, die so vielen Filmen und Erzählungen Nahrung bietet und diejenigen nicht loslässt, die sich mit dem Strafverfahren befassen, wie Anwälte und Richter. Denn es verweist auf eine der tiefsten Ängste in der Psyche eines jeden Rechtssubjekts: die Angst, eines Tages verhaftet zu werden, ohne zu wissen, warum, ohne etwas getan zu haben, jahrelange Verfahren durchstehen, öffentliche Verleumdungen erleiden zu müssen und sich am Ende zu langen Jahren Gefängnis oder sogar zur Todesstrafe verurteilt zu sehen, ohne dass jemand seine Unschuld hört. Diese Situation ist die des hingerichteten Soldaten in der Strafkolonie, sie ist auch die von Josef K. in *Der Proceß* – und sie ist potenziell die Situation eines jeden von uns.

·:·

Doch das mögliche Risiko, dass ein Unschuldiger zu Unrecht verfolgt oder gar verurteilt wird, in den Mittelpunkt des kritischen Diskurses über die Justiz oder das Strafverfahren zu stellen, verhindert grundsätzlich, dass man den Kern des staatlichen Repressionsapparats ins Visier nimmt. Es geht hier nicht darum, zu sagen, dass unser System nicht verbesserungswürdig ist und dass in unseren Staaten keine Unschuldigen im Gefängnis sitzen. Aber wenn wir uns auf dieses verheerende Risiko konzentrieren, kritisieren wir das Strafsystem, indem wir auf einen sehr kleinen Teil seiner Tätigkeit abzielen: Wir vergessen, dass die überwiegende Mehrheit der verhafteten und verurteilten Personen tatsächlich der ihnen vorgeworfenen Taten schuldig ist und dass keine noch so strikte Einhaltung der Verteidigungsrechte und der Unschuldsvermutung daran etwas ändern wird. Damit berauben wir uns völlig der Fähigkeit, die Legitimität gerichtlicher Vorgänge in ihrer Gesamtheit und Allgemeingültigkeit zu hinterfragen. Schlimmer noch: So wie die Kritik der Anomie die Idee der Norm in Gang hält, bestätigt eine Kritik, die die Unvollkommenheit der Justiz mit den Fällen verbindet, in denen sie sich auf einen Unschuldigen stürzt, oder die sich darauf beschränkt, das Risiko eines Justizirrtums anzuprangern, implizit die Richtigkeit des Strafverfahrens, wenn es auf Schuldige angewendet wird (und verhindert dann, über andere mögliche Formen des Umgangs mit Illegalismen nachzudenken). Die Gesten, die man vollzieht, wenn man sich derartiger Aussagen bedient, lassen sich am besten mit einer Formel von Kafka beschreiben: Es sind unbewegliche Angriffe. Imaginäre Angriffe, die ihr Ziel verfehlen und zur Trägheit der Gegenwart beitragen.

Indem sie sich damit begnügen, mögliche Fehlfunktionen der Justizmaschinerie zu hinterfragen, errichten diese Diskurse einen Wahrnehmungsrahmen, in dem es nichts mehr zu sagen gäbe, wenn alles »normal« liefe – wenn nur die »Schuldigen« »bestraft« würden. Das System der Bestrafung, Inhaftierung und individuellen Verantwortung lassen diese Diskurse völlig unangetastet. Es wird sogar des Feldes der Kritik verwiesen – so dass diejenigen, die diese Diskurse halten und sich dabei einbilden, das Strafsystem in Frage zu stellen, in Wirklichkeit dessen Grundwerte legitimieren und die Richtigkeit seiner gewöhnlichen und mehrheitlichen Funktionsweise bestätigen. Der kulturelle Mythos des unschuldig Inhaftierten könnte einer der Gründe für das Fortbestehen des strafrechtlichen Unbewussten in unseren Gesellschaften sein.

Man könnte auf die Justiz übertragen, was Marx gegen die klassischen Ökonomen einwandte, die sich damit begnügten, die »Schwächen« des Marktes zu hinterfragen. Er schrieb, dass eine kritische Analyse einen Schritt weiter gehen und zeigen müsse, wie selbst in Situationen, in denen alles läuft, wie es soll, in denen die Preise normal festgesetzt und die Güter und die Arbeit ihrem Wert entsprechend bezahlt werden, dennoch nichts in einer gerechten Weise geschieht, weil es die Anhäufung des Mehrwerts durch die Eigentümer der Produktionsmittel gibt, die im Herzen des freien Arbeitsmarktes ein System der Ausbeutung errichtet. Mit anderen Worten: Nicht nur die Schwächen des Marktes sind ein Problem, sondern auch der Markt selbst. Ebenso versperrt man sich, wenn man die Kritik des Rechtssystems auf die Anprangerung seiner tatsächlichen oder potenziellen

»Fehler« beschränkt, prinzipiell die Möglichkeit, auf den Gedanken zu kommen, dass die Ungerechtigkeiten in seiner Funktionsweise selbst liegen. Wenn wir versuchen wollen, die tiefere Natur dieses Systems zu bewerten, müssen wir untersuchen, was in ihm geschieht, wenn alles nach den von ihm proklamierten Werten geschieht. Es geht nicht nur um die Situation der zu Unrecht verurteilten Unschuldigen – sondern auch um die der Schuldigen.

.:.

Diese Geste der Hinterfragung der strafrechtlichen Rationalität als solcher scheint nun aber Kafka selbst an verschiedenen Stellen mit kleinen Hinweisen zu vollziehen. Anders ausgedrückt: Wenn man sein Werk, wie so oft, auf die Erforschung der Figur des Unschuldigen reduziert, der zu Unrecht der Justizmaschinerie ausgesetzt ist, läuft man Gefahr, eine subversivere, eher nebenbei operierende und oppositionellere Dimension seines Denkens zu übersehen. Diese Radikalität könnte übrigens als Fortsatz seiner politischen Ausrichtung verstanden werden. Vergessen wir nicht, dass Kafka in anarchistischen und libertär-sozialistischen Kreisen verkehrte. Und dass er oft eine kritische Sensibilität gegenüber der Funktionsweise der sozialen Ordnung bewies, so als er in Anbetracht des Verhaltens der Arbeiter mit Arbeitsunfällen, die höflich das Versicherungsbüro, in dem er arbeitete, aufsuchten, um entschädigt zu werden, sagte: »Wie bescheiden diese Menschen sind. Sie kommen zu uns bitten. Statt die Anstalt zu stürmen und alles kurz und klein zu schlagen, kommen sie bitten.«[20]

Sicher dominiert die Thematik des Individuums, das in der Falle einer unbegründeten Anklage sitzt, zum Beispiel den Anfang von *Der Proceß*. Doch je weiter die Lektüre des Romans fortschreitet, wird klar, dass Kafka nach und nach tiefgreifendere Zweifel am Wert des Strafsystems aufkommen lässt. Diese Infragestellung der Grundoperationen des Justizapparats nimmt die Form der Behauptung einer Art grundlegenden Unschuld des Menschen an, von etwas, das man als *Verschiebung des Lebens und der Strafe* bezeichnen könnte.

Im ersten Kapitel von *Der Proceß* beteuert Josef K., nachdem er verhaftet wurde, seine Unschuld. Obwohl er nicht weiß, was ihm vorgeworfen wird, sieht er nicht, was er falsch gemacht haben könnte. Seine Verhaftung muss daher das Resultat eines Irrtums oder einer böswilligen Denunziation sein: »Jemand mußte Josef K. verleumdet haben, denn ohne daß er etwas Böses getan hätte, wurde er eines Morgens verhaftet.« Zu Beginn akzeptiert K. die Voraussetzungen und Anforderungen des Strafverfahrens. Er lässt sich natürlich in seinen Bann ziehen. Er geht daher davon aus, dass er, wenn er seine Unschuld beweisen will, nachweisen muss, dass er nie ein Vergehen begangen hat. Eine Zeitlang zieht er ein Projekt in Erwägung: eine Eingabe zu verfassen, in der er sich sein ganzes Leben vergegenwärtigt und die Ereignisse von allen Seiten prüft, um die Richter davon zu überzeugen, dass es hier nie einen Grund für einen Vorwurf gegeben hat. Doch gibt er dieses Vorhaben bald auf.[21]

Dass er diese Idee aufgibt, liegt nun aber nicht nur daran, dass diese Aufgabe von ihm eine beträchtliche Arbeit verlangen würde und es ohnehin unmöglich ist, eine ganze

Existenz zu erzählen. Es liegt vor allem daran, dass K. nach einer Weile aus der Strafideologie aussteigt. Er hört auf zu denken, dass seine Unschuld ein faktisches Problem wäre, dass sie aus der Tatsache abgeleitet werden müsste, dass er nie eine strafbare Handlung begangen hat. Er hebt seine Unschuld auf eine existenzielle und prinzipielle Ebene: »Es gab keine Schuld.«[22] Dies ist das Hauptthema des vorletzten Kapitels des Buches mit dem Titel »Im Dom«, in dem Josef K. mit einem Priester diskutiert. Dieser sagt ihm, dass sein Prozess schlecht läuft und dass man ihn für schuldig hält. Josef K. wendet ein: »Ich bin aber nicht schuldig [...]. Es ist ein Irrtum«. Nun stützt K. die Behauptung seiner Unschuld nicht mehr auf die empirische Tatsache, dass er nie eine strafbare Handlung begangen hätte. Seine Handlungen sind egal. Seine Unschuld folgt aus seinem Wesen selbst – schlicht und einfach aus der Tatsache, dass er ein Mensch ist: »Wie kann denn ein Mensch überhaupt schuldig sein. Wir sind hier doch alle Menschen, einer wie der andere«. Doch der Priester, der zum Schluss des Dialogs daran erinnert, dass er »Gefängniskaplan« ist und somit »zum Gericht gehört«, antwortet sofort: »so pflegen die Schuldigen zu reden.«[23]

∴

Dass Josef K. ontologisch seine Unschuld beteuern kann und trotz allem vom Justizsystem als schuldig bezeichnet wird, bedeutet, dass es etwas im Menschen gibt, das sich der Art und Weise widersetzt, in der seine Handlungen vom Strafapparat erfasst und beurteilt werden. Was er ist, reduziert sich nicht auf das, was die Justiz über ihn sagt. Besser gesagt: Zu verstehen, was der Mensch ist, würde zu einem Blick auf seine Existenz führen, der sich nicht mehr nach der Logik des Urteils und der Zuweisung von Schuld entfalten kann.

Kafkas Feder drückt mehrfach eine Art radikalen Zweifel am Wert einer Handlung aus, der darin besteht, die Handlungen des anderen zu beurteilen. In einem kurzen Text vom November 1917 schreibt er, dass zu urteilen eine nichtige Handlung sei, die an einer gewissen Erfassung der Wahrheit des Daseins vorbeigeht: »Das menschliche Urteil über menschliche Handlungen ist wahr und nichtig, nämlich zuerst wahr, dann nichtig. Durch die Tür rechts dringen die Mitmenschen in ein Zimmer in dem Familienrat gehalten wird, hören das letzte Wort des letzten Redners, nehmen es, strömen mit ihm durch die Tür links in die Welt und rufen ihr Urteil aus. Wahr ist das Urteil über das Wort, nichtig das Urteil an sich. Hätten sie endgiltig wahr urteilen wollen, hätten sie für immer im Zimmer bleiben müssen, wären ein Teil des Familienrates geworden und dadurch allerdings wieder unfähig geworden zu urteilen.«[24]

Mit dieser Überlegung fordert Kafka uns auf zu begreifen, dass anklagen, urteilen und strafen eine Reihe von Handlungen bilden, die sich notgedrungen aus einer Logik der Verstümmelung des Lebens entfalten. Wer urteilt, kann dies nur tun, weil er nur einen Teil der Wirklichkeit erfasst – nur bestimmte Elemente auswählt oder kennt. »Unfähig zu urteilen« ist derjenige, der »im Zimmer bleibt«, weil er in die konkrete Situation versunken bleibt und daraus keine abstrakten und parteilichen Daten ableitet. Wenn die Handlung des Urteilens in der Folge als grundsätzlich »nichtig«

erscheint, dann weil sie nur von denjenigen ausgeführt werden kann, die, da sie »aus dem Zimmer geströmt« sind, lediglich eine bruchstückhafte Sicht auf das haben, worüber sie urteilen. Daher kann für Kafka der Mensch, selbst wenn er durch den selektiven Blick der Justiz als schuldig qualifiziert wird, als Mensch unschuldig bleiben.

.:.

Die Behauptung der Existenz eines verstümmelnden Charakters der Gerichtslogik, die Hinterfragung der Operationen zur Konstruktion von Verantwortung, die in der Strafe zum Tragen kommen, entspringen bei Kafka also nicht, wie insbesondere Agamben glaubt, einer metaphysischen Konzeption der Beziehung der Person zu ihren Handlungen. Sie wurzelt vielmehr in einer soziologischen Sensibilität – in der Behauptung, dass die Berücksichtigung der Einbettung des menschlichen Lebens in soziale Zusammenhänge die Beziehung, die man zu ihm pflegen kann, verändert und oft zur Deaktivierung repressiver Impulse führt.

In seinem Werk über Kafka kritisiert Max Brod die Tendenz, Kafka als einen auf sich selbst und seine intimen Ängste zurückgezogenen Menschen darzustellen. Dieser Eindruck unterstützt abgehobene Lesarten seiner Werke, seien sie nun psychologischer oder metaphysischer Natur. Brod betont jedoch, dass sein Freund von einem starken Gefühl der »sozialen Solidarität« beseelt war. Um dies zu belegen, zitiert er vor allem folgende Notiz aus seinem Tagebuch vom 2. Juli 1913:

»Geschluchzt über dem Prozeßbericht einer dreiundzwanzigjährigen Marie Abraham, die ihr fast dreiviertel Jahre altes Kind Barbara wegen Not und Hunger erwürgte, mit einer Männerkrawatte, die ihr als Strumpfband diente und die sie abband. Ganz schematische Geschichte.«[25]

Wenn die Lektüre eines solchen Artikels Traurigkeit auslöst, dann weil er uns mit einer Art Grausamkeit konfrontiert, die dem Justizsystem innewohnt. Die Vorgänge der öffentlichen Anklage, des Urteils und der Inhaftierung erscheinen oft ungerecht im Vergleich zu dem, was einen ein verständnisvoller und empathischer Blick auf die menschliche Existenz empfinden lässt. Um die Worte der eben zitierten Überlegung aufzugreifen: Wenn man die Existenz eines Individuums wieder in den Kontext seiner Entfaltung einordnet und sie in ihrer Gesamtheit erfasst, wird man in gewisser Weise »unfähig zu urteilen«.

Diese Vorstellung vertritt Kafka ausdrücklich. Er macht sie sogar bei der Abfassung seines *Briefes an den Vater* zur Grundlage. Bei dem Versuch, ihre wechselseitige Entfremdung und ihren Konflikt mit der Geschichte ihrer Beziehung zu erklären, betont er, dass die Rekonstruktion der Situation, in der jeder, er und sein Vater, gehandelt hat, dazu führt, dass niemand für ihre schlechte Beziehung verantwortlich gemacht werden kann. Die kontextuelle Dynamik ihrer Interaktionen zu verstehen führt in Bezug auf das, was zwischen ihnen geschehen ist, zur Behauptung seiner und des Vaters Unschuld: Es erlaubt die Ausbildung einer Sichtweise, die sich der Logik des Vorwurfs entzieht, sie aussetzt und wirkungslos macht: »so ergibt sich, daß Du mir zwar etwas geradezu Unanständiges oder Böses nicht vorwirfst (mit Ausnahme vielleicht meiner letzten Heiratsabsicht), aber Kälte, Fremdheit, Undankbarkeit. Undzwar wirfst Du es mir so vor, als wäre es meine Schuld, als hätte ich etwa mit einer Steuerdrehung das Ganze anders einrichten können, während Du nicht die geringste Schuld daran hast, es wäre denn die, daß Du zu gut zu mir gewesen bist. Diese Deine übliche Darstellung halte ich nur soweit für richtig, daß auch ich glaube, Du seist gänzlich schuldlos an unserer Entfremdung. Aber ebenso gänzlich schuldlos bin auch ich. Könnte ich Dich dazu bringen, daß Du das anerkennst, dann wäre – nicht etwa ein neues Leben möglich, dazu sind wir beide viel zu alt, aber doch eine Art Friede, kein Aufhören, aber doch ein Mildern Deiner unaufhörlichen Vorwürfe.«[26]

.:.

Es genügt, diese auf eine Vater-Sohn-Beziehung angewandten Prinzipien auf die Gesellschaft und die menschliche Interaktion zu übertragen, um einige Leitideen der Strömung wiederzufinden, die sich seit den 1970er Jahren das Ziel gesteckt hat, unsere Rechtssysteme in Frage zu stellen und sogar die Möglichkeit eines Strafabolitionismus vorzuschlagen: Autoren wie Louk Hulsman oder Nils Christie stellten die Grundlagen der Logiken des Strafens und Urteilens in Frage, indem sie betonten, dass es in Wirklichkeit eine Vielzahl von Handlungen gibt, die als strafbar bezeichnet und strafrechtlich behandelt werden könnten. Sogar unendlich viele, die tagtäglich in der Familie, im Freundeskreis und im Betrieb vorkommen. In der überwiegenden Mehrheit der Fälle gehen die Menschen mit diesen Handlungen jedoch nicht strafrechtlich um und erstatten keine Anzeige, weil sie sich kennen, den Kontext kennen, in dem diese Verhaltensweisen stattgefunden haben, die Geschichte der Person kennen, die sie praktiziert hat, und daher nicht geneigt sind, ihre Handlungen im Hinblick auf eine Bestrafung zu betrachten: Sie greifen dann in der Regel auf andere Verfahren, insbesondere spontane Überlegungen, zurück, um die Konflikte zu lösen, oder ignorieren sie manchmal sogar ganz einfach und widmen sich anderen Dingen.

Ein weiteres Indiz für die Richtigkeit dieser Feststellung kann man in den regelmäßig wiederkehrenden Szenen sehen, in denen ein Politiker der Rechten wegen Illegalismen verurteilt wird, die er im Laufe seiner Karriere begangen hat, und seine politischen Freunde gegen die Ungerechtigkeit der Strafe protestieren und sich mit ihrem Freund solidarisch erklären. Auch wenn es eine Tendenz gibt, diese Stellungnahmen als Zeichen von Heuchelei zu betrachten, weil sie von Personen stammen, die normalerweise einen äußerst unnachsichtigen Diskurs über die Delinquenz verfechten, ist es vielleicht interessanter, diese Haltung anders zu interpretieren. Denn es fällt auf, dass es bei den meisten Gruppen, die diese Erklärungen anprangern und oft härtere Strafen für die Herrschenden fordern, auch eine Tendenz gibt, Strafen als ungerecht zu empfinden, sobald sie gegen Personen aus dem eigenen Milieu verhängt werden, zum Beispiel für Illegalismen, die sie in ihrem Leben oder im Laufe ihrer militanten Praxis begangen haben.

Man kann, anders gesagt, ein Gesetz erkennen, das in allen sozialen Gruppen am Werk ist: Strafe – und im Grunde sogar das Strafverfahren – wird als Gewalt und Ungerechtigkeit empfunden, sobald sie auf jemanden angewendet wird, den man kennt. Es sind immer die anderen, für die die Strafen gerecht erscheinen und für die man sie fordert. Eine andere Art zu sagen, dass es einen Antagonismus zwischen der Kenntnis des Lebens und der Einschätzung der Gerechtigkeit der Justiz gibt und dass es etwas in der Kenntnis von sich selbst und einem nahestehenden Menschen gibt, das dazu prädisponiert, die Logik von Strafe und Vorwurf in Frage zu stellen.

Es überrascht daher nicht, dass Kafka in einem Entwurf zur Reflexion der Form, die eine andere Organisation des Lebens in einer »besitzlosen Arbeiterschaft« annehmen könnte, als eines der Merkmale einer solchen Existenz anführt: »niemals Vermittlung der Gerichte verlangen.«[27] Aus dieser Maxime kann man die Idee ableiten, dass ein Kriterium der politischen Utopie und ein Zeichen für das wirklich Neue einer Gesellschaft in ihrer Fähigkeit besteht, bei der Bewältigung von Konflikten und Verletzungen, die sich die Menschen gegenseitig zufügen können, auf die Form des Gerichts und des Prozesses zu verzichten. An diesem Punkt würde sich die Schaffung neuer menschlicher Bindungen und die Entstehung einer wirklich neuen Sensibilität offenbaren. Andernfalls würden die Beziehungen der Menschen zueinander weiterhin von denselben Affekten beherrscht werden. Und die Gesellschaft wäre dann nur dem Namen nach »neu«. Das Verhältnis zum Strafsystem könnte fast als Kriterium für die Beurteilung politischer Gesellschaften gelten, so wie für den Marxismus das Wirtschaftssystem.

.:.

Im Grunde hatte Kafka geahnt, dass eine Kritik des Urteils mit einer Infragestellung der bürokratischen Apparate verknüpft werden musste. Die stärksten Argumente finden sich jedoch nicht, wenn man diese Apparate mit der Vorstellung von Willkür, Anomie oder unheimlichen Mächten verbindet. Sondern vielmehr, wenn man auf die Phänomene der Depersonalisation und Abstraktion abhebt – auf die Tatsache, dass diese großen Maschinerien prinzipiell dazu neigen, das Leben wirklichkeitsfremd zu verwalten, einen stereotypen und fernen Blick darauf zu werfen und starre und homogene Kategorien anzuwenden, die den konkreten Ablauf ignorieren.

Weil die Mechanik des Vorwurfs nur durch eine Geste in Gang gesetzt werden kann, die die Realität verdreht, findet sich der in der Justizmaschinerie gefangene Mensch als Gefangener einer verkehrten und albtraumhaften Welt wieder, denn das, was sich als »Suche nach der Wahrheit« darstellt, errichtet ein kontrafaktisches Regime. Es ist also nicht nur so, dass es manchmal »Justizirrtümer« gibt – es ist so, dass der Irrtum das Strafverfahren grundsätzlich ungültig macht, so dass der Begriff der gerichtlichen Wahrheit schlicht und einfach ein Oxymoron ist. Eine der größten symbolischen Gewalttaten, die ein Mensch sich selbst zufügen kann, wird begangen, wenn er der Justiz unterworfen ist und (im Gegensatz zu Josef K.) die Realität seiner eigenen Existenz in ihrer Komplexität vergisst, um es hinzunehmen, sich der gerichtlichen Sichtweise in ihrer Simplizität zu unterwerfen. Wenn er dies tut, oft um zu versuchen, die Gunst einiger Richter zu erlangen, kann er dies nur unter der Bedingung, dass er sich selbst darüber belügt, wer er ist und was ihn dazu gebracht hat, das zu tun, was er getan hat.

So löst sich das Paradoxon auf, das in jenem mysteriösen Fragment von 1920 formuliert wird: »Geständnis und Lüge ist das Gleiche. Um gestehen zu können, lügt man«.[28]

Anmerkungen

1 Theodor W. Adorno, »Aufzeichnungen zu Kafka«, in *Prismen. Kulturkritik und Gesellschaft*, Frankfurt am Main, Suhrkamp Verlag, 1976, S. 304.

2 Franz Kafka, *Der Proceß.* Roman. Kritische Ausgabe, hrsg. v. Malcolm Pasley, Frankfurt am Main, S. Fischer Verlag, 1990, S. 11.

3 Ebd.

4 Ebd., S. 152–154.

5 Abgedruckt in *Le Monde*, 10.9.1993.

6 Walter Benjamin, *Gesammelte Briefe*, Bd. VI, 1938–1940, hrsg. v. Christoph Gödde u. Henri Lonitz, Frankfurt am Main, Suhrkamp Verlag, 2000, S. 110.

7 Franz Kafka, *Der Proceß*, a. a. O., S. 292–295.

8 Jacques Derrida, »Préjugés«, in *La Faculté de juger*, Paris, Minuit, 1985, S. 125–126.

9 Pierre Bourdieu, *Meditationen. Zur Kritik der scholastischen Vernunft*, übers. v. Achim Russer, unter Mitwirkung v. Hélène Albagnac u. Bernd Schwibs, Frankfurt am Main, Suhrkamp Verlag, [5]2020, S. 294–295.

10 Franz Kafka, *Der Proceß*, a. a. O., S. 304.

11 Reiner Stach, *Kafka. Die Jahre der Entscheidungen*, Frankfurt am Main, Fischer Taschenbuch, 2004, S. 550.

12 Giorgio Agamben, *Homo sacer. Die souveräne Macht und das nackte Leben*, übers. v. Hubert Thüring, Frankfurt am Main, Suhrkamp Verlag, 2002, S. 68.

13 Ebd., S. 60.

14 Franz Kafka, *Nachgelassene Schriften und Fragmente II*, Kritische Ausgabe, hrsg. v. Jost Schillemeit, »Oktavheft H«, 25. Februar 1918, Frankfurt am Main, S. Fischer Verlag, 1992, S. 97 f.

15 Walter Benjamin, »Zur Kritik der Gewalt«, in *Gesammelte Schriften*, Bd. II.1, hrsg. v. Rolf Tiedemann u. Hermann Schweppenhäuser, Frankfurt am Main, Suhrkamp Verlag, [8]2022, S. 189.

16 Franz Kafka, *Nachgelassene Schriften und Fragmente I*, Kritische Ausgabe, hrsg. v. Malcolm Pasley, »Oktavheft C«, Frankfurt am Main, S. Fischer Verlag, 1993, S. 361–364.

17 Und so ist der Ermessensspielraum der Richter bei der Festlegung der Strafen auch das Instrument, das einen unterschiedlichen Umgang mit den Illegalismen erlaubt, je nachdem, ob sie von den herrschenden oder den beherrschten Fraktionen der Gesellschaft ausgehen – und damit das Funktionieren der Justiz als Klassenjustiz.

18 Im Juli 2023 wurde in Marseille gegen vier Polizisten ein Ermittlungsverfahren eingeleitet, weil sie einen jungen Araber zusammengeschlagen und zum Sterben auf der Straße zurückgelassen hatten, und einer von ihnen wurde in Untersuchungshaft genommen. Fast 600 ihrer Kollegen meldeten sich aus Protest gegen diese Strafverfolgung krank (Polizisten haben kein Streikrecht und greifen daher auf dieses Mittel zurück, um ihrer Wut Ausdruck zu verleihen), was die Analyse von Paul Butler eindrucksvoll bestätigt. In einem Artikel zu diesem Fall kann man die Aussage eines Polizisten lesen, der sich mit seinen Kollegen solidarisiert: »Ich bin krankgeschrieben, weil wir wirklich am Ende sind, ich kann nicht mehr. Ich frage mich sogar, ob ich weiter bei der Polizei bleiben werde. […] Wir sind Polizisten, um unser Land, die Menschen und die Güter zu schützen. Man gibt uns nicht mehr die Mittel, um das zu tun. Wir werden nicht unterstützt, weder hierarchisch noch politisch. Also reicht es irgendwann.« Und in Bezug auf den in Untersuchungshaft

genommenen Polizisten fügte er hinzu: »Christophe muss irgendwann raus, da kann man nichts machen. Er ist kein Schläger, er ist ein Polizist, der seine Arbeit gemacht hat, wie man es von ihm verlangt hat.« https://www.rtl.fr/actu/debats-societe/les-infos-de-6h-emeutes-a-marseille-le-temoignage-d-un-policier-en-arret-maladie-7900284239

19 In einer berühmten Analyse von *Das Schloss* schreibt Hannah Arendt, dass der Roman beispielhaft die Situation des jüdischen Paria beschreibt, das heißt des Juden, der, für sie, keiner Gemeinschaft angehört und sich nirgendwo zu Hause fühlt. Dies zeigt sich ihr zufolge in dem Satz, der die Situation des Landvermessers beschreibt, der in ein Dorf kommt und das Schloss nicht finden kann, für das er arbeiten soll und das ihm die Erlaubnis geben muss, dort zu bleiben – was dazu führt, dass er zwischen dem Schloss und dem Dorf umherirrt und nie genau weiß, zu welcher Welt er gehört: »Sie sind nicht aus dem Schloß, Sie sind nicht aus dem Dorf, Sie sind nichts«. Bedeutet nun aber, ein Jude zu sein, der dem Antisemitismus ausgesetzt ist, ein Leben in Unbestimmtheit zu führen, wie Arendt in Anlehnung an Kafka sagt? Bedeutet es nicht im Gegenteil, einer äußerst präzisen Kategorie anzugehören und einer Reihe von Mächten unterworfen zu sein, die die Möglichkeiten der Existenz strikt begrenzen. Wenn man die Situation einer unterdrückten Minderheit beschreiben will, indem man sie mit der Sprache der Unschärfe und des Ungewissen (»ihr seid nichts«) verbindet und sie somit nur durch eine doppelte Verneinung charakterisieren kann, verfehlt man die Auswirkungen der Einschränkungen und Regulierungen, die einer solchen Situation entspringen (in Bezug auf den Zugang zu Berufen und Rechten, die konkrete Freiheit, die Ehe, das politische Leben, die Bewegung im öffentlichen Raum …) – und verbietet sich somit, die Lebensform freizulegen, die sich daraus ergibt und die ganz unbestimmt und unbestimmbar sein muss. Hannah Arendt,

»Die verborgene Tradition«, in *Sechs Essays*, Hannah Arendt Digital, Kritische Gesamtausgabe (beta).

20 Max Brod, *Über Franz Kafka*, Frankfurt am Main, Fischer Taschenbuch, 1993, S. 76. Siehe auch Michael Löwy, »Franz Kafka et l'anarchisme«, in *Raison publique*, Bd. 21, Nr. 1, 2017, S. 63–73.

21 Franz Kafka, *Der Proceß*, a. a. O., S. 170 f.

22 Ebd., S. 168.

23 Ebd., S. 289.

24 Franz Kafka, *Nachgelassene Schriften und Fragmente II*, »Oktavheft G«, 24. November 1917, a. a. O., S. 51 f.

25 Max Brod, *Über Franz Kafka*, a. a. O., S. 78. Vgl. Franz Kafka, *Tagebücher*, Kritische Ausgabe, hrsg. v. Hans-Gerd Koch, Michael Müller und Malcolm Pasley, Frankfurt am Main, S. Fischer Verlag, 1990, S. 564.

26 Franz Kafka, *Nachgelassene Schriften und Fragmente II*, »Brief an den Vater«, a. a. O., S. 144 f.

27 Franz Kafka, *Nachgelassene Schriften und Fragmente II*, »Oktavheft H«, a. a. O., S. 106.

28 Franz Kafka, *Nachgelassene Schriften und Fragmente II*, »Konvolut 1920«, a. a. O., S. 348.

Geoffroy de Lagasnerie

3 – Ein Leben außerhalb

Mit Didier Eribon und Édouard Louis entwickelte Geoffroy de Lagasnerie eine Freundschaft, der er in seinem Buch »3 - Ein Leben außerhalb« ein bewegendes Porträt widmet. Sie ist der Ausgangspunkt für seine Gedanken über die Rolle von Freundschaft in Politik und Gesellschaft, über die Möglichkeiten, freiere Lebensformen zu entfalten und uns immer wieder neu zu entwerfen.
Von Aristoteles über Montaigne und Michel Foucault hat sich eine Philosophie der Freundschaft entwickelt, die Geoffroy de Lagasnerie auf persönliche und originelle Weise fortschreibt. Sein Buch ist eine Ermutigung und eine Quelle der Inspiration.

Aus dem Französischen von Andrea Hemminger
208 Seiten, gebunden
978-3-10-397575-8

Weitere Informationen finden Sie auf
www.fischerverlage.de